- This NOTEBOOK belongs to -

____

Jocs press

CATS
RULE

CATS
RULE

CATS RULE

CATS
RULE

CATS
RULE

CATS RULE

CATS RULE

CATS
RULE

CATS
RULE

CATS
RULE

CATS
RULE

CATS
RULE

CATS RULE

CATS
RULE

CATS
RULE

CATS
RULE

CATS RULE

CATS RULE

CATS RULE

CATS
RULE

CATS
RULE

CATS RULE

CATS
RULE

CAT'S RULE

CATS
RULE

CATS RULE

CATS
RULE

CATS
RULE

CATS
RULE

CATS RULE

CATS
RULE

CATS RULE

CATS
RULE